S'AMUSER AVEC LES MATHS

Additionner

Un livre de la collection
Les racines de Crabtree

CRABTREE
Publishing Company
www.crabtreebooks.com

DOUGLAS BENDER

Soutien de l'école à la maison pour les parents, les gardiens et les enseignants

Ce livre aide les enfants à se développer grâce à la pratique de la lecture. Voici quelques exemples de questions pour aider le lecteur ou la lectrice à développer ses capacités de compréhension. Les suggestions de réponses sont indiquées en rouge.

Avant la lecture

- De quoi ce livre parle-t-il?
  - *Je pense que ce livre parle des mathématiques et des additions.*
  - *Je pense que ce livre explique comment additionner.*

- Qu'est-ce que je veux apprendre sur ce sujet?
  - *Je veux apprendre ce qu'est une addition.*
  - *Je veux apprendre comment additionner des chiffres.*

Pendant la lecture

- Je me demande pourquoi...
  - *Je me demande pourquoi les gens ont parfois besoin de calculatrices pour additionner.*
  - *Je me demande pourquoi les gens utilisent le symbole « plus » pour additionner.*

- Qu'est-ce que j'ai appris jusqu'à présent?
  - *J'ai appris que l'addition nous indique une quantité.*
  - *J'ai appris que les gens utilisent le symbole « plus » quand ils additionnent des chiffres.*

Après la lecture

- Nomme quelques détails que tu as retenus.
  - *J'ai appris que les gens additionnent tous les jours.*
  - *J'ai appris que l'addition est un moyen plus rapide de compter les choses.*

- Lis le livre à nouveau et cherche les mots de vocabulaire.
  - *Je vois le mot* ***crayon*** *à la page 4 et les mots* ***symbole « plus »*** *à la page 8. Les autres mots de vocabulaire se trouvent à la page 14.*

L'**addition** nous aide à trouver une quantité.

Trouve un **crayon** rouge et un crayon bleu.

1 1

Maintenant, tu as deux crayons!

2

Tu peux utiliser un **symbole « plus »** pour ajouter deux chiffres ou plus.

1 + 1

Une **pomme** plus deux pommes font trois pommes.

3

Nous utilisons les **mathématiques** tous les jours!

+ 2

= 4

Liste de mots

Mots courants

à
aide
as
bleu
deux
et
font
jours
les
maintenant
nous
ou
peux
plus
quantité
rouge
tous
trois
trouve
tu
un
une
utilisons

La boîte à mots

addition

crayon

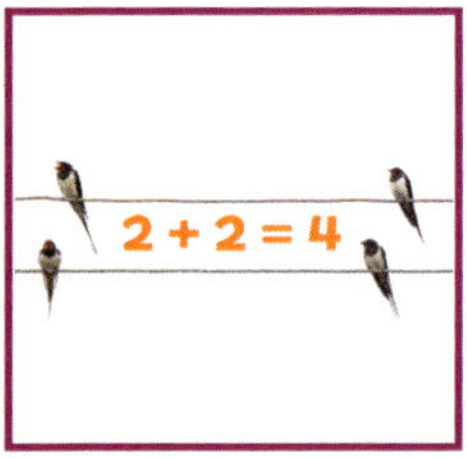

mathématiques

pomme

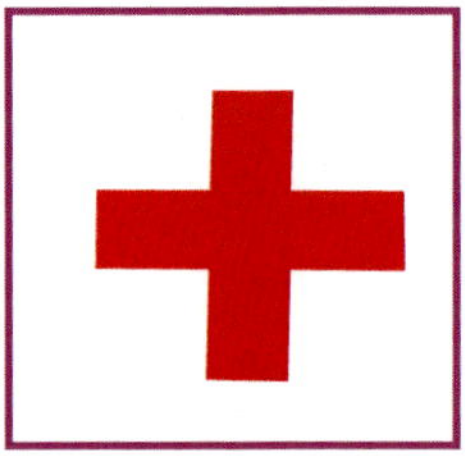

symbole « plus »

47 mots

L'**addition** nous aide à trouver une quantité.

Trouve un **crayon** rouge et un crayon bleu.

Maintenant, tu as deux crayons!

Tu peux utiliser un **symbole « plus »** pour ajouter deux chiffres ou plus.

Une **pomme** plus deux pommes font trois pommes.

Nous utilisons les **mathématiques** tous les jours!

CRABTREE Publishing Company

S'AMUSER AVEC LES MATHS
Additionner

Autrice : Douglas Bender
Conception : Rhea Wallace
Développement de la série : James Earley
Correctrice : Janine Deschenes
Conseils pédagogiques : Marie Lemke M.Ed.
Traduction : Annie Evearts
Coordinatrice à l'impression : Katherine Berti
Références photographiques : Shutterstock : Kletr : couverture; Freer: p. 3, 14; Lucie Lang : p. 5, 7, 9, 14; Nataly Studio : p. 10, 11; Bachkova Natalia : p. 12, 13, 14

Crabtree Publishing Company
www.crabtreebooks.com 1-800-387-7650

Publié aux États-Unis
Crabtree Publishing
347 Fifth Avenue
Suite 1402-145
New York, NY, 10016

Publié au Canada
Crabtree Publishing
616 Welland Ave.
St. Catharines, Ontario
L2M 5V6

Imprimé au Canada/062021/CPC

Catalogage avant publication de Bibliothèque et Archives Canada
Titre: Additionner / Douglas Bender ; texte français d'Annie Evearts.
Autres titres: Adding. Français.
Noms: Bender, Douglas, auteur.
Description: Mention de collection: S'amuser avec les maths | Les racines de Crabtree | Traduction de : Adding. | Comprend un index.
Identifiants: Canadiana (livre numérique) 20210279958 | Canadiana (livre imprimé) 20210279931 | ISBN 9781039604230 (HTML) | ISBN 9781039604292 (EPUB) | ISBN 9781039604353 (livre numérique avec narration) | ISBN 9781039604179 (couverture souple)
Vedettes-matière: RVM: Addition—Ouvrages pour la jeunesse. | RVMGF: Documents pour la jeunesse.
Classification: LCC QA115 .B4614 2022 | CDD j513.2/11—dc23